Titoli di Saggistica di Janvier T. Chando

ICONE E CATTIVI: Recenti omicidi politici...
FALLEN HEROES: Leader africani i cui omicidi...
UCRAINA: Il tiro alla fune tra Russia e Occidente
Camerun: il cuore stregato dell'Africa

Titoli di narrativa di Janvier Chando

L'usurpatore: e altre storie
Agente triplo, doppia croce
Discepoli della Fortuna
L'Unione Moujik
Lampo del Sole
Fortune chiama
Il Maestro della Fortuna
La ragazza sul sentiero
I figli della fortuna
Gli orsi di Norilsk
Io prima di loro
Le nonne e l'amore perfetto
La leggenda del fuoco e del ghiaccio
La follia più dolce
Il fuoco della fame
Le sfumature del fuoco
Padre e figli
Legami fatali
Il verdetto dell'Ade
Il processo di Sua Maestà
La follia di Ngoko
L'usurpatore
La Dote
Sono odiato
L'Oaf

Prossimi titoli di Janvier Chando

Gli Vagabondi di Casa
Gli Amici Mortali
Il Falco Bianco
Gli orsi di Norilsk

Terrore:
Arma Politica, Infezione Sociale, Disumanizzante

Janvier T. Chando

TISI BOOKS

NEW YORK, RALEIGH, LONDRA, AMSTERDAM

PUBBLICATO DA TISI BOOKS
www.tisibooks.com

ISBN-13: 979-8-84-856836-3
ISBN-10: 8-84-856836-X

PUBBLICATO DA TISI BOOKS
www.tisibooks.com

NEW YORK, RALEIGH, LONDRA, AMSTERDAM

Stampato negli Stati Uniti d'America

EPIGRAFE

"Il tempo dei rivoluzionari con la completa libertà di manovra è finito."
—CHRISTOPHER NKWAYEP-CHANDO

DEDICA

Dedicato all'amorevole memoria di Christopher Nkwayep-Chando.

Riconoscimento

I miei ringraziamenti più profondi, calorosi ed eterni al Dr. Samuel F. Tchwenko e Christopher N. Chando per avermi sfidato verso il sentiero della valorizzazione dell'umanità.

Terrore:
Arma Politica, Infezione Sociale, Disumanizzante

Contenuto

Citazioni

"A volte le persone hanno una convinzione fondamentale che è molto forte. Quando vengono presentate loro prove che funzionano contro tale convinzione, le nuove prove non possono essere accettate. Creerebbe una sensazione estremamente scomoda, chiamata dissonanza cognitiva. E poiché è così importante proteggere la credenza fondamentale, razionalizzeranno, ignoreranno e persino negheranno tutto ciò che non si adatta alla credenza fondamentale".
— **Frantz Fanon**

"I terroristi non sono solo coloro che credono di essere stati scelti da Dio per commettere omicidi di massa in suo nome, ma possono essere governi e altri sistemi di fede o di culto che credono anche che sia loro diritto esclusivo privare gli altri della loro vita, libertà, prosperità, pace e armonia. Quando la maggioranza nelle loro comunità, stati o nazioni acconsente a questa contorta nozione di esclusività, anche le persone vengono infettate dal bug del terrorismo e diventano disumanizzate nel processo senza saperlo".
— **Janvier Tchouteu**

"Tutti sono preoccupati di fermare il terrorismo. Beh, c'è davvero un modo semplice: smettere di parteciparvi".
— **Noam Chomsky**

"Non cerchiamo di soddisfare la nostra sete di libertà bevendo dal calice dell'amarezza e dell'odio".
— **Martin Luther King Jr.**

"Come si può avere una guerra al terrorismo quando la guerra stessa è terrorismo?"
— **Howard Zinn**

"I leader che non agiscono dialogicamente, ma insistono nell'imporre le loro decisioni, non organizzano le persone — li manipolano. Non liberano, né sono liberati: opprimono".
— **Paulo Freire**

"Il terrorismo funziona meglio come tattica per le dittature, o per gli aspiranti dittatori, che per i rivoluzionari".
— **Christopher Hitchens**

"Ogni impero, tuttavia, dice a sé stesso e al mondo che è diverso da tutti gli altri imperi, che la sua missione non è quella di saccheggiare e controllare, ma di educare e liberare".
— **Edward W. Said**

"Con le pistole si possono uccidere i terroristi, con l'educazione si può uccidere il terrorismo".
— **Malala Yousafzai**

"Il più delle volte, se tratti bene le persone, non devi avere paura di loro".
— **Kathy Kelly**

"Non ho mai incontrato nessuno che volesse essere un terrorista. Sono persone disperate".
— **John Perkins**

"La differenza tra un terrorista e un combattente per la libertà è una questione di prospettiva: tutto dipende dall'osservatore e dal verdetto della storia".
— **Pentti Linkola,**

"Il segno distintivo di un idiota autoritario è urlare TERRORIST-LOVER! a chiunque metta in discussione la definizione di Terrorista."
— **Glenn Greenwald**

"La Russia di Stalin era una trappola, in cui venivano catturati anche coloro che gestivano il sistema. I leader erano intrappolati dalla paura di Stalin e anche lui era intrappolato dalla sua paura del loro desiderio di liberarsi di lui. Tutto ciò che doveva mangiare o bere doveva essere prima assaggiato da uno dei suoi colleghi. Il comportamento di Beria alla sua morte ha mostrato che la sua paura era solo in parte paranoia".
— **Jonathan Glover**

"Il più grande pericolo della bomba di un terrorista è nell'esplosione di stupidità che provoca".
— **Ottava Mirbeau**

INTRODUZIONE

Una storia in particolare nella Bibbia mi ha incuriosito molto quando ero un bambino di dieci anni che cercava di avvolgere la testa intorno alla sua dottrina cristiana. Questa era la storia di Sansone l'ebreo o israelita nel Libro dei Giudici, la cui forza divina gli permise di compiere imprese sovrumane, tra cui l'uccisione di un leone a mani nude e l'uso della mascella di un asino per massacrare mille filistei. Tuttavia, dice a Delilah, di cui è innamorato, che il segreto della sua forza sono i suoi capelli che non sono stati tagliati dalla nascita, solo per lei di passare queste informazioni utili ai Filistei per soldi. Attirati a dormire, gli tagliarono i capelli, gli ingozzarono gli occhi e poi lo misero al lavoro in una macina. I Filistei non lo videro arrivare quando decisero di celebrare la cattura di Sansone nel loro venerato Tempio di Dagon, e poi lo portarono e lo misero vicino ai pilastri principali del tempio affollato. Sansone, i cui capelli erano in parte ricresciuti, tirò giù i pilastri, uccidendo i Filistei all'interno. Morì nel suo atto di vendetta che era suicida in ogni senso della parola.

Alcuni esperti sostengono che si sia trattato di un atto

di terrorismo perché donne e bambini innocenti sono morti a causa della sua azione come obiettivi che aveva in mente durante l'esecuzione della sua vendetta. Altri ritengono che i civili, comprese le donne e i bambini morti nel tempio, fossero danni collaterali, poiché il vero bersaglio di Sansone erano i capi filistei che si erano radunati nel tempio per il sacrificio religioso a Dagon, divinità della fertilità molto venerata nell'antica Mesopotamia terre assiro-babilonesi (Iraq) e terre levantine (l'attuale Siria, Libano, Giordania, Israele e territori palestinesi), per la sua assistenza nella cattura di Sansone.

Sansone era un vero soldato, un uomo dedito alla sicurezza e al benessere degli israeliti. Tuttavia, per quanto eroica sia stata la sua morte, è stato un atto di suicidio. Dalla storia del suo conflitto con i filistei scaturiscono tutte le contraddizioni interiori della guerra, in particolare dei conflitti armati in cui le vittime civili sono inevitabili, o sono considerate come danni collaterali o atti di terrore. Per danno collaterale si intendono decessi, ferite o altre forme di danno che le persone coinvolte in un conflitto armato infliggono a un obiettivo o una proprietà non intenzionali, in particolare a civili non coinvolti nella guerra o che non sono obiettivi militari legittimi. Questo è tanto più scoraggiante perché si suppone che le guerre siano condotte per liberare l'uomo dalla tirannia di un oppressore. Ma allora, qual è la linea sottile?

*Gli attacchi in cui le morti civili sono inevitabili
sono considerati atti di terrorismo?*

È qui che la linea diventa sfocata per i belligeranti in un conflitto armato --- quelli che cercano di mantenere lo status quo come autorità legalmente responsabile della sicurezza del popolo e coloro che stanno affrontando o stanno sfidando l'establishment esistente (governo, paese o organizzazione) con le armi. I civili sono sempre catturati nel loro fuoco incrociato anche se non dovrebbero essere presi di mira. Ma allora, cosa succede se i civili sono presi di mira, sia in modo limitato che in modo ampio?

Questa domanda multimilionaria perseguita l'umanità da tempo immemorabile --- dalle mitologie degli dei, alle nostre antiche civiltà, all'età degli assassini, ai tempi di Roma e fino alla diffusione dell'Islam, all'Inquisizione e ai movimenti di liberazione che hanno creato gli Stati moderni. Tuttavia, è solo negli ultimi cento anni che i gruppi hanno iniziato a fare guerre in cui i principali obiettivi sono i civili. Ciò che rende in qualche modo intriganti queste organizzazioni apertamente terroristiche è il fatto che dietro la loro strategia di usare il terrore come arma, hanno rivendicazioni legittime di persecuzione da parte delle autorità che stanno sfidando, affermazioni che quasi nessuno non è d'accordo deve essere risarcito.

È lo spazio di manovra o la gamma di azioni a disposizione di coloro che sfidano lo status quo che determina dove hanno attraversato la linea nel terrorismo o meno. Ed è la risposta o le azioni del governo, dello stato, dell'organizzazione o del gruppo che cercano di mantenere lo status quo che determina anche se sono coinvolti nel terrorismo di stato o meno. Il modo in cui il mondo accetta o tollera atti di terrorismo differisce negli occhi, nei cuori e nelle menti dei diversi popoli, classi e religioni di questo mondo. Queste differenze rendono ancora più difficile assumere una posizione unitaria contro il terrorismo.

Questo lavoro non è un'incursione onnicomprensiva nella natura del terrorismo o nella sua storia. Piuttosto, è un resoconto succinto della complessità del terrorismo, della sua natura corruttrice, specialmente ai gruppi con cause legittime che decidono di abbracciarlo. Ho citato esempi, ma i casi non sono profondamente illustrativi. L'idea è quella di stuzzicare la mente del lettore, di spingerlo a pensare più a fondo, analizzare ulteriormente e trarre conclusioni proprie che andrebbero solo a fondo il caso contro il terrorismo e aiuterebbero tutti noi a capirlo meglio.

Capitolo Uno

Il terrore o terrorismo è l'uso indiscriminato di minacce e violenza per scopi politici. È forse la strategia più semplice che un gruppo o un'organizzazione impotente o debole che combatte un establishment organizzato è tentato di usare. La natura dell'organizzazione della maggior parte dei gruppi terroristici, le loro strutture di supporto e i loro obiettivi spesso li vincolano, costringendoli a operare:

- all'interno di un cerchio interno stretto,
- con molto fanatismo,
- con manodopera limitata e scarsamente distribuita,
- con materiali o armi leggeri e limitati,
- E con un obiettivo chiaramente definito per abbattere i loro avversari.

Gli autori del terrore con un obiettivo politico chiaramente definito sono di solito uomini che sono altamente impegnati in una causa, ma hanno poco o nessun riguardo per la natura della sua realizzazione.

Queste sono persone che estendono al massimo la nozione della frase "Tragica Necessità", mettendo le loro cause contro l'umanità.

Il terrore è un'arma politica potente con un effetto sociale di vasta portata. E l'effetto di rinculo di un atto di terrorismo è imprevedibile.

Come arma politica, il terrore potrebbe sembrare l'opzione più potente da parte dei sostenitori frustrati ma impegnati di una causa che è stata messa da parte, snobbata e denigrata; o da una causa le cui attività e membri sono stati soppressi, repressi e decimati dai suoi oppositori, dall'establishment o dal governo. Questi sostenitori del terrore spesso vedono sé stessi e le loro idee come potenziali vittime dell'annientamento in un momento in cui pensano di non avere i mezzi per resistere apertamente. Fino a che punto l'organizzazione abbraccia i metodi del terrore determina il grado della sua disumanizzazione.

Il terrore pienamente abbracciato è più sinistro, minaccioso e sostenibile se ha una base da cui reclutare, addestrare, raggruppare e ricostituire. L'inaccettabilità del terrore dipende soprattutto dai suoi effetti sociali. E può essere davvero di vasta portata.

L'uso della violenza e delle minacce da parte di un movimento contro una società libera, democratica, liberale, progressista e umana per intimidirla o costringerla, si ritorce sempre contro, con il movimento che perde la sua umanità e il suo scopo nel processo. La società in tutti i suoi strati rifiuta il movimento contaminato dal terrore anche se la sua causa promette di far progredire il benessere della gente. È stato il caso del gruppo tedesco Baadar-Meinhof, della Brigata Rossa Italiana, dell'Armata Rossa giapponese e delle FARC-EP della Colombia oggi. Anche il Sentiero Luminoso del Perù ha perso il suo scopo e si è piegato a causa della democratizzazione e della liberalizzazione del paese. E gli attacchi dei gruppi baschi ETA (Euzkadi ta Askatasuna) vanno solo a denigrare le autentiche rimostranze del popolo basco. L'elenco è inesauribile.

Gli atti di terrorismo da parte di un gruppo o di un paese contro uno stato straniero, specialmente uno stato libero e democratico, hanno sempre l'effetto opposto di unire e mobilitare lo stato che viene terrorizzato. Fa sì che lo stato vittimizzato apprezzi ancora di più i suoi valori umani, mentre gli consente di colmare le lacune che lo rendono suscettibile ad atti di terrorismo. L'Irish Republican Army (IRA) in realtà si è indebolito nella sua lotta contro gli inglesi a causa di ciò. I movimenti palestinesi hanno contaminato la loro vera causa con atti terroristici contro Israele. Anche il Movimento separatista ceceno sta rovinando il suo caso con attacchi contro i civili russi. L'attentato di Lockerbie, l'attentato all'Argentina del 1994 da parte di sospetti agenti iraniani rafforzano solo i paesi vittime. Soprattutto, il paese o il gruppo che accetta l'uso del terrore anche contro la popolazione civile del paese contro cui sono contrari, finisce per disumanizzare la propria società. Questo perché una politica di odio che giustifica l'uccisione di non combattenti, donne e bambini si rivela sempre xenofoba e piena di menzogne; e si nutre di ipocrisia, lavaggio del cervello, estremismo ideologico o fanatismo religioso, che sono tutte carenze che alla fine porteranno alla scomparsa dei propagatori del terrorismo e alla rottura dei valori umani progressisti nelle loro società.

Con una base, il terrore improvvisamente scatenato contro un regime o un governo impopolare, oppressivo, repressivo, discriminatorio, distaccato ed elitario ha un effetto paralizzante iniziale sulla società in quanto infonde paura, dubbio e un senso di vulnerabilità nelle menti della classe oppressiva, mentre allo stesso tempo spinge la gente comune a credere che il sistema contro cui anche loro sono contrari potrebbe essere abbattuto. Il terrore scatenato distrugge la fiducia che i custodi del sistema repressivo avevano prima, specialmente nella loro convinzione di poter farla franca con tutte le loro azioni contro coloro che si opponevano a loro. L'oligarchia diventa improvvisamente caotica nelle loro procedure, pianificazione ed esecuzione delle loro strategie. La natura offensiva del loro dominio diventa improvvisamente difensiva senza i dovuti preparativi. L'esercito e le forze di sicurezza, l'amministrazione e le altre agenzie e organi che impongono la repressione, l'oppressione, la frode, la corruzione, la discriminazione e la violenza diventano momentaneamente immobilizzati nelle fasi iniziali del terrorismo.

Con i terroristi che colpiscono ogni possibile obiettivo e con le vittime che arrivano, i custodi del sistema dittatoriale iniziano a mettere in discussione la giustificazione delle loro politiche, il premio che sono disposti a pagare per rimanere al potere, e le possibilità che hanno di sostenere gli assalti dei terroristi. I fanti del regime (agenzie di sicurezza e servizi di intelligence) che sono gli scudi del sistema o del regime ma non i suoi benefattori, ma che fanno risalire la maggior parte delle loro origini alla maggioranza del popolo, iniziano a chiedersi perché devono sopportare il peso maggiore della rabbia contro il sistema quando non ne sono realmente responsabili.

- Perché dovrebbe un caporale patriottico, un ispettore, un capitano, un tenente, un colonnello, un commissario o un generale patriottico, o chiunque altro, del resto, che ama veramente il suo paese, desidera la sua redenzione e aspira a un ruolo migliore nella difesa della sua nazione, rischiare la sua vita e il futuro dei suoi cari opponendosi al fuoco mirato a un sistema e regime corrotto, antidemocratico, discriminatorio e antipopolare, mentre la leadership e la sua cricca (l'oligarchia) continuano a nuotare nella ricchezza e nella sicurezza?
- Perché queste forze di sicurezza dovrebbero rischiare la vita per mantenere al potere persone che non apprezzano veramente il loro valore?

Le risposte alle domande di cui sopra sono semplici. I difensori del sistema combatterebbero i terroristi ad oltranza solo se fossero convinti che il nuovo ordine che le organizzazioni terroristiche porterebbero con sé sarebbe di gran lunga peggiore della realtà attuale.

Tuttavia, non si possono ignorare i traumi in una società perseguitata dal terrore. Oltre alla sua infusione di paura e dubbio nell'establishment, e alla sua distruzione e immobilizzazione degli strumenti dell'amministrazione, il terrore come arma politica usata in una società che non è libera, ha il potente effetto di polarizzarlo. Lo scatenamento del terrore apre un conflitto che:

- Contrappone l'oligarchia repressiva al gruppo terroristico, lasciando la maggioranza patriottica al freddo nelle loro richieste di democrazia, libertà e liberalismo.
- Trova i ricchi e i non abbienti distanti.
- Allarga il divario tra l'ignorante e l'illuminato.
- Contrappone la docilità dei vecchi alla vitalità dei giovani nella loro ricerca di libertà, democrazia, progresso e trasparenza.
- Infine, porta gli idealisti contro i realisti, i pragmatici, gli umanitaristi e i dogmatici.

L'uso del terrore in una vera causa di libertà o liberazione contro il dominio oppressivo di un establishment non rappresentativo diventa suscettibile di ricatti, errori e disumanizzazione. Anche il suo uso limitato senza una direzione chiaramente definita espone la maggior parte dei soldati e dei militanti della lotta per la libertà o la liberazione alla più crudele e insolita delle punizioni del sistema o dell'establishment oppressivo. I custodi del sistema rispondono agli atti di terrorismo con azioni vili o rimedi propri che sono a tutti gli effetti terrorismo di stato. Disumano nel suo contenuto, l'establishment oppressivo conquista tuttavia la simpatia della popolazione in generale e del mondo in generale. Il regime sospende i diritti umani; il regime va oltre nelle sue scuse e compie arresti preventivi, vili torture, subornazione, estesi omicidi legali (attraverso leggi discutibili); e il regime esegue punizioni crudeli, vendicative, discriminatorie e le più insolite contro coloro che vi si oppongono, impacchettando così i terroristi insieme alle forze progressiste della terra che cercano la libertà, la pace e/o la liberazione. Avendo perso gli ultimi elementi della sua umanità, reagendo sproporzionatamente alla minaccia rappresentata dai terroristi e alla libertà richiesta dalla maggioranza del popolo, il regime oppressivo, o il sistema non rappresentativo al potere, va avanti con il terrorismo di stato aperto attraverso il divide et impera incanalando le sue risorse per suscitare violenza deliberata e conflitti interni. Nella sua disperazione, l'oligarchia colpisce ciecamente e calcolatamente a turno. I cittadini innocenti si ritrovano ad essere colpiti più degli oppositori del sistema sia dall'establishment che dai gruppi terroristici, con i gruppi terroristici che si ritrovano incolpati di tutto. Questo caos sociale degenera in conflitto civile con clan che combattono contro clan, tribù contro tribù, religioni l'una contro l'altra, razze che si allontanano e le diverse classi diventano inconciliabili. In questa situazione in cui il terrorismo contro lo stato perde il suo scopo, il terrorismo da parte dello stato prevale e indebolisce la maggioranza oppressa e amante della libertà di qualsiasi piccola forza che potrebbero aver lasciato, costringendoli ad accontentarsi di qualsiasi ordine che l'oligarchia possa ripristinare. In questo caso, il fallimento del gruppo terroristico rafforza la dittatura al potere, consentendo al sistema di durare più a lungo, anche se in realtà ha finanziato il suo terrorismo di stato usando il tesoro pubblico e il sudore dei cittadini.

Una valutazione sincera rivelerebbe tuttavia che, nonostante la possibile glorificazione del terrore da parte di gruppi o persone che si sentono alle strette, il fatto che lo spettro degli errori o degli sfortunati incidenti incombe alto toglie la sua efficacia come strumento per realizzare un cambiamento che migliorerebbe il benessere della le persone. Questo perché queste eterne domande sull'uso del terrore devono essere risolte da qualsiasi gruppo che lo stia usando o abbia intenzione di usarlo come tattica o peggio come strategia:

- Dove e chi dovrebbero essere gli obiettivi?
- Qual è lo scopo o l'obiettivo?

Un esponente umano del cambiamento che si convince che l'uso del terrore è tragico ma necessario in una situazione tormentosa, rischia di corrompere la sua anima nel processo, soprattutto se la sua azione sfugge al controllo. Anche la linea secondo cui l'uso del terrore dovrebbe solo cercare di attirare l'attenzione sulla vera causa dell'inascoltato e trascurato, è fondamentalmente difettosa perché l'uso del terrore spesso o sempre finisce come un boomerang. Una causa genuina e popolare contaminata dal terrore, mal organizzata, mal presa di mira e non chiaramente definita; uno che colpisce l'establishment e provoca anche vittime civili, si trova aperto al sabotaggio e al ricatto, soprattutto lasciando la porta aperta ai falsi flag.

L'uso del terrore come regola da parte di veri esponenti del cambiamento è inaccettabile. Sottopone il movimento alla sconfitta, soprattutto se diventa un'arma di qualsiasi durata. Mentre un movimento potrebbe essere perdonato per averlo usato come una scintilla, il grido che immobilizzerebbe il sistema e scatenerebbe la valanga, l'effetto del terrore è corrosivo contro tutti e tutto ciò che tocca. E qualsiasi durata nel suo utilizzo accecherebbe l'essenza del vero scopo del movimento, eliminando l'umanità incarnata in lotte che implicano la ricerca della libertà, della liberazione, della democrazia, della prosperità e dell'armonia umana; e di conseguenza, aprirebbe le fila del movimento al ricatto e alla denigrazione. Il più morale degli uomini, il più sano dei movimenti per la libertà, il più devoto dei rivoluzionari e persino gli umanisti e gli umanitari di ogni colore finiscono per perdere il loro scopo se non considerano l'influenza corruttrice del terrore, anche nel suo uso a breve termine, e specialmente quando immaginano l'uso del terrore come regola o arma di sopravvivenza anche contro un establishment disumano. Usando il terrore, finiscono per tradire le speranze e le aspirazioni delle masse in lotta i cui interessi il terrore è stato invocato per la prima volta per salvaguardare.

Terrorismo chiaramente mirato, intenzionale e organizzato nelle attività dell'ANC, SWAPO, ZANU-ZAPU e FRELIMO ha spinto le istituzioni politiche in Sud Africa, Namibia, Rhodesia del Sud (Zimbabwe) e Mozambico rispettivamente ad entrare in un dialogo che ha portato i cambiamenti che hanno permesso a questi movimenti di liberazione di conquistare il potere democraticamente in quei paesi. Il Fronte Islamico di Salvezza dell'Algeria ha perso la sua essenza a causa della sua cieca adozione del terrore. Il comunismo considerato da alcuni esperti come l'ideologia più umana nel sostenere le persone economicamente e socialmente svantaggiate di questo mondo ha perso la sua umanità come forza politica a causa del suo iniziale abbraccio al terrore. L'uso a breve termine del terrore rosso da parte di Lenin durante la guerra civile russa che seguì la rivoluzione comunista fu gonfiato a dismisura quando Stalin ne fece la regola del sistema sovietico e un'eredità che oggi perseguita l'ideologia comunista. Gli esempi delle ricadute dell'uso del terrore sono inesauribili. Ecco perché i movimenti che stanno cercando di promuovere l'umanità dovrebbero diventare autocritici quando i loro leader iniziano a flirtare con l'uso del terrore.

Capitolo Due

Nel caso del Camerun, il fatto che il prezzo per lo smantellamento del sistema sia alto non significa che un uso efficace del terrore contro l'establishment sia l'unica opzione rimasta. Mentre può sembrare attraente per alcuni oppositori del regime di Biya e dell'anacronistico sistema imposto dalla Francia nel suo complesso, gli esponenti del cambiamento dovrebbero tenere a mente il fatto che anche l'uso più efficace del terrore contro i custodi del sistema probabilmente denigrerebbe i nobili obiettivi della secolare lotta kameruniana e offuscherebbe la realizzazione del "Camerun NUOVO".

E vero indicherebbe la serietà delle forze che si battono per un Camerun con senso di orientamento, per farne un paese che abbia un posto nella comunità delle nazioni libere, progressiste e civili. Ma farebbe a pezzi la società e la disumanizzerebbe nel processo, al punto che la sua anima potrebbe persino diventare più corrotta di quanto non sia al momento. Consapevoli del fatto che alcuni esponenti del cambiamento che si oppongono all'uso del terrore riconoscono il fatto che il suo uso costringerebbe il sistema a prendere sul serio le masse in lotta oppresse e farebbe capire all'establishment che i loro oppositori possono creare un incubo perpetuo facendo del terrore il regola nella loro lotta, gli esponenti del cambiamento non dovrebbero mai considerare l'uso del terrore nella loro ricerca per fondare il "Camerun Nuovo" che sia libero, democratico, unito, liberale, progressista, prospero e pluralista.

La guerra di riunificazione e indipendenza dell'UPC (Unione delle Popolazioni del Camerun) per il Camerun, a seguito del suo divieto e soppressione da parte delle autorità francesi di amministrazione fiduciaria nel 1955, è un classico caso in cui l'uso limitato del terrore da parte di un movimento popolare di libertà o liberazione per rappresaglia contro le forze francesi e le forze del fantoccio che i francesi installarono come presidente del Camerun che stavano massacrando la popolazione camerunese, così come quelli che considerava traditori, è stato effettivamente ribaltato per dare al movimento una cattiva reputazione come gruppo terroristico assetato di sangue. Attraverso il terrorismo di stato, l'UPC è stato denigrato, soppresso, schiacciato e la maggior parte della sua leadership è stata uccisa, imprigionata o esiliata dall'alleanza franco-Ahidjo. È stata una campagna che è andata di pari passo con il ricatto e l'inquadramento del movimento, e allo stesso tempo con la stigmatizzazione della base di supporto dell'UPC. Era così efficace che i popoli Bamileké e Bassa altamente vittimizzati si trovano ancora bersaglio di stereotipi orditi da Jacques Foccart, l'architetto del controllo francese in Africa, che ha fatto un lavoro efficace nel presentare la guerra di libertà o liberazione dell'UPC nel 1960 come una rivolta etnica post-1960 da parte delle popolazioni Bamileké e Bassa, lanciando così efficacemente il gruppo etnico più grande e nazionalista del paese come nemico nazionale del resto dei popoli camerunesi, uno stigma che perseguita ancora oggi il paese. E uomini come Jean Forchive ecc. dovevano la loro ascesa e importanza nel sistema al loro uso riuscito del terrorismo di stato contro l'UPC.

C'è una forte fazione nell'attuale regime di Biya che prevede la sopravvivenza eterna del sistema attraverso l'uso attento del terrorismo di stato contro la maggioranza patriottica a cui è permesso di usare la propria voce, ma non le mani e i piedi, in un processo fittizio che consente la politica multipartitica in Camerun, ma impedisce alla democrazia di radicarsi negando al popolo il diritto di scegliere attraverso elezioni fasulle che prendono in giro la democrazia e la libertà di scelta.

In poche parole, un'organizzazione che usa il terrore contro un establishment, sia esso il loro paese d'origine o un paese straniero, corre il rischio di contaminarsi per sempre, corrompendo la sua essenza e immergendo la società in un processo di disumanizzazione che potrebbe richiedere decenni e persino generazioni per essere superato.

Janvier Tchouteu 8 novembre 1997

Glossario

Adamawa · La provincia più meridionale che è stata ricavata dall'ex Provincia del Grand North. È una regione di altopiano.

Akonolinga · Una città nella regione centrale. È anche la capitale della divisione Nyong e Nfomou.

Akum · Un insediamento Ngemba a nove miglia da Bamenda lungo la strada Bafoussam-Bamenda. È anche un regno tradizionale Ngemba e il dialetto della gente lì.

Ambam ·

Una città nella regione meridionale. È una capitale di suddivisione nella divisione Ntem.

Eleonora

Parola usata sia dai camerunesi di lingua inglese che da quella francofona per esprimere simpatia, condoglianze, consolazione, incoraggiamento, compassione, armonia, comprensione, accordo, gratitudine e cautela.

Bafang ·

La capitale della Divisione Nkam Superiore e un regno Bamileké nella Regione Ovest.

Bafaw ·

Il principale gruppo etnico della zona. Comprende il comune di Kumba. Fa parte del più ampio gruppo Bantu.

Bafedja

Un insediamento e un regno Bamileké nella divisione Nde o Banganté, nella regione occidentale.

Bafoussam	La capitale della Regione Ovest e della Divisione Mifi. Inoltre, un regno tradizionale Bamileké.
Bafut ·	Un insediamento e un regno tradizionale di Ngemba a circa diciotto miglia da Bamenda nella regione nord-occidentale.
Bakweri ·	Il principale gruppo etnico nella divisione Fako, che si trova nella regione sud-occidentale. I Bakweriani sono Bantu che parlano del sottogruppo Sawabantu.
Balengou ·	Insediamento e regno di Bamileké nella divisione Nde, regione occidentale.
Bali	Un insediamento e un regno Chamba a circa diciotto miglia a nord di Bamenda, nella regione nord-occidentale.
Bamena ·	Insediamento e regno di Bamileké nella divisione Nde, regione occidentale.

Bambili ·

Un insediamento e il regno di Ngemba a circa nove miglia a nord di Bamenda nella regione nord-occidentale.

Bambui ·

Un insediamento e un regno di Ngemba a circa sei miglia a nord di Bamenda nella regione nord-occidentale.

Bamenda ·

La capitale della regione nord-occidentale e della divisione di Mezam.

Bamendjou

Insediamento e regno di Bamileké nella divisione Mifi, regione occidentale.

Bami (Bamileké)

Diminutivo di Bamileké.

Bamileké (Bami)

L'etnia semi-bantu più popolosa e il principale gruppo etnico del Camerun. È anche la lingua madre del popolo.

Terra di Bamileké

La metà occidentale della regione occidentale, con frange nella regione nord-occidentale e sud-occidentale. Comprende cinque divisioni amministrative, circa novanta regni tradizionali e undici raggruppamenti dialettici.

Bamoun ·

Un'etnia semi-bantu e uno dei principali gruppi etnici in Camerun. Inoltre, la loro lingua madre.

Terra di Bamoun

La metà orientale della provincia occidentale.

Bandekop ·

Un insediamento e un regno di Bamileké nella divisione Mifi, nella regione occidentale.

Banganté

Il più grande regno Bamileké, la capitale della Divisione Nde, che è anche il suo nome precedente. Trovato nella regione occidentale.

Bangou ·

Un insediamento e un regno Bamileké nella divisione Nkam superiore, nella regione occidentale.

Bangoua ·

Insediamento e regno di Bamileké nella divisione di Nde, regione occidentale.

Bangoulap ·	Insediamento e regno di Bamileké nella divisione di Nde, regione occidentale.
Bantu	Un grande gruppo di popoli negroidi dell'Africa centrale, meridionale e orientale che abita le foreste delle regioni sud-occidentale, litoranea, centrale, meridionale e orientale del Camerun. Inoltre, il più grande costituente della razza negroide o nera.
Bassa	Il principale gruppo etnico nella regione del litorale. È Bantu a parlare. Si trova anche nella regione centrale del Camerun.
Batoufam ·	Regno di Bamileké nella Divisione Mifi, Regione Ovest.
Bawok (Bahouok, Bahouoc)	Regni Bamileké che parlano il dialetto Medumba, trovato nella regione occidentale e nord-occidentale. I principali sono: • Bawok-Banganté o

Banganté-Bawok è un regno tradizionale Bamileké che si trova nella suddivisione Banganté, divisione Nde. Gran parte del regno si trova nella città di Banganté. A seguito di una serie di sforzi all'inizio del XX secolo, perse la maggior parte del suo territorio a favore dei regni Bamileké circostanti, con i suoi sudditi che migrarono in altre aree del Camerun e persino fondarono nuovi regni.

- Bawok-Bali o Bali-Bawok: una propaggine del regno madre di Bawok-Banganté, fondato nel 1907 con l'aiuto dell'amichevole regno di Bali-Nyonga. È un'enclave nel regno di Bali (*fondom* o regno tradizionale)

Bayangam · Insediamento e regno di Bamileké nella divisione Mifi, regione occidentale.

Bazou ·

Regno di Bamileké nella divisione di Nde, regione occidentale.

Beti ·

Diminutivo di Beti-Pahuin. È anche una suddivisione del gruppo di lingue Beti-Pahuin ed è ulteriormente suddiviso in Ewondo, Eton, Bane, Mbida-Mbane e Mvog-Nyenge.

Beti-Pahuin

Diminutto o abbreviato in Beti, questo gruppo di popoli imparentati costituisce il terzo gruppo etnico principale in Camerun. La patria etnica del popolo Beti-Pahuin è nella regione centrale e meridionale, con frange ed enclavi nella regione orientale. Sono di lingua bantu e comprendono quanto segue:

- Beti (Ewondo, Bane, Mbida-Mbane, Mvog-Nyenge ed Eton),
- Fang (Fang propriamente detto, Ntumu, Mvae e Okak)

- Bulu (Bulu, Fong, Mvele, Zaman, Yebekanga, Yengono, Yembama, Yelinda, Yesum e Yekebolo.)
- Tribù più piccole o gruppi etnici Pahuinizzati dai Beti-Pahuins come i popoli Baka, Bamvele, Manguissa, Yekaba, Evuzok, Batchanga (Tsinga), Omvang, Yetude.

Il popolo Beti-Pahuin è anche indigeno in Guinea Equatoriale, Gabon e Repubblica del Congo.

Terra di Beti

Le regioni di lingua Beti-Pahuin del Camerun (si estende dalla metà meridionale della regione centrale alle parti centrali e orientali della regione meridionale e si estende come frange nella provincia orientale), Guinea Equatoriale (Rio Muni), Gabon (la metà settentrionale), Repubblica del Congo (il nord-ovest), e São Tomé e Príncipe.

Biafra — Lo stato dominato da Ibo di breve durata che si separò dalla Nigeria durante la guerra civile nigeriana del 1966-1970.

Bota — Un sobborgo di Limbe, Divisione Fakò, Regione sud-ovest.

Camerun britannico — Il terzo occidentale dell'ex Kamerun Tedesco che cadde sotto il controllo britannico in seguito alla spartizione della colonia tedesca. Comprendeva il Camerun settentrionale britannico e il Camerun meridionale britannico.

Boumnyebel — Un villaggio bassa a Divisione Nyong e Kelle, regione del centro.

Camerun settentrionale britannico — La metà settentrionale del Camerun britannico che votò per unirsi alla Nigeria nel 1961, a seguito del controverso plebiscito delle Nazioni Unite nel territorio.

Camerun meridionale britannico — La metà meridionale del Camerun britannico. Divenne parte della Federazione del Camerun nel 1961 a seguito di un plebiscito che portò alla sua riunificazione con l'ex Camerun francese. Comprende le regioni nord-occidentali e sud-occidentali del Camerun.

Buea ·

La capitale della regione sud-occidentale ed ex capitale della tedesca Kamerun.

Bulu ·

Uno dei popoli del gruppo etnico Beti-Fang con una patria nella regione meridionale.

Pidgin camerunese

Chiamato anche creolo camerunese o Kamtok, è l'inglese Pidgin parlato a Cameron. Ha cinque varianti.

CDU (Unione Democratica del Camerun). È chiamato *UDC (Union Démocratique du Cameroun)* in francese

Un partito politico in Camerun fondato da Adamou Ndam Njoya, ex ministro del regime di Ahmadou Ahidjo.

CENER ·

(Center National des Etudes et de

Recherché) - Acronimo dell'intelligence segreta del Camerun servizio (Centro nazionale per gli studi e la ricerca), che è stato cambiato nel 1984 in *Direction Générale de la Recherché Extérieures* (DGRE) - Direzione generale per la ricerca esterna.

Regione Centro — La regione o provincia del Camerun. Comprende otto divisioni.

CNU-UNC (Unione Nazionale del Camerun) chiamata in francese UNC (*Union Nationale Camerounaise*) — Partito formato nel 1966 dalla fusione dei partiti politici che operano in Camerun. Il primo presidente camerunese Ahmadou Ahidjo lo ha guidato.

CPDM—MDPC (Movimento Democratico Popolare del Camerun), chiamato RDPC (*Rassemblement Démocratique du Peuple Camerounais*) in francese — La CNU rinominata nel 1985. Questa è la festa in Camerun. Il suo nome precedente (1966-1985) era l'Unione Nazionale del Camerun (UNC), che a sua volta è stata costituita nel 1966 dalla fusione di partiti politici in Camerun. Prima di allora, si chiamava UC (*Union*

Camerounaise) —Unione camerunese (CU), l'ex partito politico fondato da Ahmadou Ahidjo, l'ex presidente della Repubblica del Camerun. Il CPDM/CNU/CU/UC è stato il partito al governo sin dalla cosiddetta "indipendenza del Camerun" nel 1960. Paul Biya è il presidente del partito.

CU (Unione Camerunese) chiamata in French *UC (Union Camerounaise)*	Partito formato da Ahmadou Ahidjo.
Douala	La città più grande, capitale economica e capitale della Divisione Wouri e della regione litoranea.
Duala ·	Un popolo di lingua bantu del sottogruppo Sawabantu, sono il principale gruppo etnico della Divisione Wouri e dell'area Douala.
Camerun orientale	L'unità federale francofona del Camerun dal 1961-72. È stato

	formato dall'ex Camerun francese.
Regione Est	La metà sud-orientale del Camerun. La regione orientale ha quattro divisioni con Bertoua come capitale.
Eton	Uno dei popoli del gruppo etnico Beti-Fang. Trovato nella regione del centro.
Ewondo ·	Uno dei popoli del gruppo Beti-Fang. Trovato nella regione centrale del Camerun.
Estremo Nord	Una provincia nell'estremo nord del Camerun. Comprende sei divisioni.
Forze francesi libere	Questi erano combattenti francesi e francofoni che continuarono a combattere le potenze dell'asse di Germania, Italia e Giappone, anche dopo che la Francia si arrese e firmò un accordo di armistizio con la Germania nazista nel giugno 1940. Fu formato dal generale Charles De

Gaulle, che era un membro del gabinetto francese in visita ufficiale in Gran Bretagna al momento della resa. Il generale Charles De Gaulle si oppose fortemente alla capitolazione francese e all'armistizio firmato dal nuovo regime guidato dal maresciallo Pétain che creò il regime di Vichy nel sud della Francia, permettendo così al nord del paese di essere sotto l'occupazione tedesca. Ha esortato la resistenza contro il controllo tedesco della Francia e dei suoi burattini collaborazionisti di Vichy. Il movimento attirò reclute per lo più dall'impero francese, in particolare dall'Africa centrale francese, di cui il Camerun francese era la base all'epoca, sotto il nuovo governatorato di Jacques Philippe LeClerc. Philippe LeClerc guidò la prima grande vittoria delle Forze Francesi Libere nella guerra con la cattura nel 1941 di Kufra, una città nell'allora colonia italiana della

Libia. Ha incorporato le forze dell'ex regime di Vichy nelle colonie dal 1943 e ha visto i suoi ranghi gonfiati dai francesi dopo lo sbarco del D-Day. Le Forze Francesi Libere raggiunsero la loro massima gloria con la liberazione di Parigi nell'agosto 1944, guidate dalla 2ª Divisione corazzata francese perché aveva il minor numero di neri nei suoi ranghi. Alla fine della guerra, il Movimento Francese Libero costituiva la quarta più grande forza militare in Europa, combattendo contro le potenze dell'Asse. I partiti politici di destra in Francia sono stati dominati dai suoi membri e dall'ideologia del suo fondatore chiamata gollismo.

FSD (Fronte Social-Démocrate). Le SDF (Fronte Socialdemocratico) in francese. Il partito politico che viene descritto come il leader dell'opposizione in Camerun. Le SDF sono guidate sin dal suo inizio il 26 maggio 1990 da John Fru Ndi.

Fulfulde (Fula, Pulaar, Pular, Peul) Una lingua sene-gambiana parlata dal popolo Fulani.

Fulani (Fulani, Fula, Fellata o Peul)

Un popolo misto negro-tuareg che abita la savana dal Sudan al Sene-Gambia comprende tre gruppi:

I Mbororo, Bororo, Burure o Abore che sono pastori.

I Fulanin Gida, Ndoowi'en o Magida, che sono comunità completamente sedentarie.

I Peul semi-sedentari che sono agricoltori e alla fine riprendono la pastorizia, ma spesso formano comunità permanenti.

Foulani, Fulani o Peul sono il secondo gruppo etnico più popoloso del Camerun. Si trova principalmente nelle province settentrionali di Adamawa, Nord ed Estremo Nord. La loro lingua è la lingua franca di questa parte del Camerun.

Foumban

La capitale della Divisione dei Noun e del Terra di Bamoun. Trovato nella regione occidentale.

Foumbot ·

Insediamento agricolo nella divisione dei Noun.

Camerun francese

I due terzi orientali dell'ex Kamerun Tedesco che caddero sotto il controllo dei francesi in seguito alla spartizione della colonia tedesca da parte di Gran Bretagna e Francia. Divenne un territorio obbligatorio francese e in seguito un territorio fiduciario dal 1918 al 1960.

Garoua ·

La capitale della Regione Nord e la Divisione di Benue.

Graffi

Parola tedesca Pidgin per un campo d'erba. Un nome spesso applicato collettivamente ai popoli semi-bantu delle regioni nord-occidentali e occidentali del Camerun.

Graffiland

Parola camerunese per Altopiano occidentale, Altopiani occidentali o Bamenda Grassfields. Regione montuosa delle praterie della regione nord-occidentale e occidentale del Camerun.

	Comprende il Terra di Bamileké e il Terra di Bamoun a sud, e il Terra di Ngemba, Terra di Chamba e Terra di Tikar a nord.
Ibo	Uno dei quattro principali gruppi etnici della Nigeria. Trovato nel sud-est.
Idenau ·	Una città nella divisione di Fako, nella regione sud-occidentale.
Kamveu ·	Il consiglio locale dei notabili tra i diversi regni Bamileké.
Koufra (Kufra)	Un importante ma isolato insediamento di Oasi nel deserto libico sud-orientale che fu di importanza strategica per la campagna del Nord Africa durante la Seconda guerra mondiale. La sua cattura agli italiani da parte delle Forze Francesi Libere segnò la prima grande battaglia vinta dalla Francia nella guerra, aumentando così il prestigio del generale Charles De Gaulle e il morale delle demoralizzate forze anti-Vichy.

Koutaba ·	Un insediamento nel Terra di Bamoun, Divisione Noun, Regione Ovest. Inoltre, una grande base militare e aerea in Camerun,
Kumba ·	La più grande città della regione sud-occidentale e capitale della divisione Meme. Si trova a circa settanta miglia a nord di Limbe.
KNDP (Partito Nazionale Democratico del Camerun)	Partito nazionalista nel Camerun britannico. Ha guidato la campagna che ha realizzato la riunificazione del Camerun meridionale britannico con l'ex Camerun francese.
Limbe ·	Ex Victoria. È la capitale della divisione Fako nella regione sud-occidentale.
Litorale	La provincia costiera del Camerun. Si compone di quattro divisioni.
Loum ·	Una città agricola nella divisione di Mungo, nel nord della regione del litorale.

Maguida (Magida)

Nome erroneamente usato per i popoli del Nord musulmano che provenivano dal terzo gruppo di Fulanis, i Fulanin Gida, comprendenti le comunità Fulani completamente sedentarie.

Mamfe ·

La capitale della Divisione Manyu nella regione sud-occidentale.

Manjibo ·

Un villaggio Bamoun nella Divisione Sostantivi.

Mankon ·

Mankon è un regno Ngemba e parte della città di Bamenda.

Maroua ·

La capitale della regione dell'estremo nord e della divisione Diamare.

Mayo Tsanaga

Una divisione nella regione dell'estremo nord del Camerun.

Mayo Tsava

Una divisione nella regione dell'estremo nord del Camerun.

Mbengwi ·

La capitale della divisione Momo nella regione nord-occidentale.

Mboh ·	Un popolo di lingua bantu della divisione Mungo nella regione del litorale, con margini della loro patria nelle province sud-occidentali e occidentali.
Mokolo ·	Capitale della divisione Mayo Tsanaga.
Molyko ·	Un sobborgo di Buea nella regione sud-occidentale.
Mora	La capitale della divisione Mayo Tsava.
Mutengene	Una città di giunzione per Limbe, Buea e Tiko, nella divisione di Fako, nella regione sud-occidentale.
Nde	Precedentemente chiamato Divisione Banganté. Si trova nella regione occidentale del Camerun.
Ngaoundéré	Capitale della divisione Vina e della regione di Adamawa.
Ngemba ·	Il secondo popolo più popoloso

del gruppo semi-Bantu. I popoli Ngemba si trovano nella metà settentrionale delle praterie del Camerun (altopiani occidentali), principalmente nelle divisioni Mezam e Momo della regione nord-occidentale.   Il   popolo Ngemba ha relazionato i dialetti.

Terra di Ngemba

Il   sud-ovestern   parte   della regione nord-occidentale che è composta   da   diversi   regni tradizionali o fondom che parlano dialetti strettamente correlati.

Nkongsamba

La capitale della divisione Mungo del Camerun. È anche la città più grande della zona.

Nkwen ·

Un regno tradizionale Ngemba e parte della città di Bamenda.

Regione Nord

Centro della Regione del Gran Nord.   Comprende   quattro divisioni.

Regione Nord-Ovest

Una   provincia   dell'ex   unità federale del Camerun occidentale e dell'ex territorio del Camerun meridionale britannico. Popolato da gruppi semi-bantu di parlanti Tikar, Ngemba e Chamba. I loro compatrioti nella regione sud-occidentale li chiamano collettivamente "Graffi".

NUDP (Unione Nazionale per la democrazia e il progresso). Chiamato UNDP *(Union Nationale pour la Démocratie et le Progrès)* in francese

Un partito politico in Camerun fondato da Samuel Eboua, ex ministro del regime Ahmadou Ahidjo. Bello Bouba Maigari, ex primo ministro del regime di Biya, ha usurpato la leadership del partito ed è stato il suo presidente dal 19al 92.

Nzui-Mantor ·

Parola Banganté-Bamileké per la pantera o il leopardo.

OK (Un Camerun)

Una propaggine dell'UPC dopo che è stato vietato anche nel Camerun britannico.

Peul ·

Un termine francese per Fulani preso in prestito dalla lingua Wolof.

RDPC

Il partito al potere in Camerun.

(Rassemblement Démocratique du Peuple Camerounais), È chiamato CPDM *(Cameroon People's Democratic Movement—* Movimento Democratico Popolare del Camerun) in inglese	CNU rinominata nel 1985.
SDF (Fronte Socialdemocratico) o *FSD (Fronte Socialdemocratico)* in francese	Il partito politico che viene descritto come il leader dell'opposizione in Camerun. Le SDF sono guidate sin dal suo inizio il 26 maggio 1990 da John Fru Ndi.
Semi-Bantu	I popoli unici e non imparentati in Africa, comprendenti i popoli Bamileké, Bamoun, Tikar, Ngemba e Chamba.
Sokolo ·	Un sobborgo di Limbe, nella regione sud-occidentale.
Regione Sud	Provincia costiera meridionale del Camerun. Comprende le tre

divisioni di Ntem, Ocean e, Dja e Lobo.

Regione Sud-Ovest

Provincia costiera sud-occidentale del Camerun. Ha quattro divisioni. Precedentemente una parte del Camerun meridionale britannico e l'unità federale del Camerun occidentale.

Tcholliré ·

La capitale della Divisione Rey Bouba nella regione settentrionale.

Tiko ·

Una città costiera nella divisione di Fako nella regione sud-occidentale.

Tonga

Insediamento e regno di Bamileké nella divisione Nde, regione occidentale.

Tuareg

Un popolo di lingua berbera del gruppo Mazigh che abita il Sahara centrale dall'Algeria meridionale e dalla Tripolitania in Libia, al Niger centrale e ai confini settentrionali della Nigeria. Si trasferirono all'interno del deserto del Sahara per sfuggire all'invasione araba del Nord Africa nel 7 ° e 8 ° secolo.

UDC (Union Démocratique du Cameroun) o CDU (Unione Democratica del Camerun) in inglese — Un partito politico in Camerun fondato da Adamou Ndam Njoya, ex ministro del regime Ahmadou Ahidjo.

UNC (Union Nationale du Cameroun). Called CNU (Cameroon National Union) in inglese — Una politica formatasi nel 1966 dalla fusione di partiti politici in Camerun. Era guidato dal primo presidente camerunese Ahmadou Ahidjo.

UNDP (Union Nationale pour la Démocratie et le Progrès) o Unione nazionale per la democrazia e il progresso (NUDP) in inglese — Un partito politico in Camerun fondato da Samuel Eboua, ex ministro del regime Ahmadou Ahidjo. Bello Bouba Maigari, ex primo ministro del regime di Biya, ha usurpato la leadership del partito ed è stato il suo presidente dal 19al 92.

UPC (Unione delle Popolazioni del — Primo partito nazionale e nazionalista in Camerun. Lo

Camerun) — storico UPC è stato costituito nel 1948. Vietato nel 1955, ricorse a una lotta armata che continuò fino alla fine degli anni 1960.

Victoria — L'antico nome di Limbe. È stata fondata nel 1857 da missionari britannici per l'insediamento di schiavi salvati o liberati.

Regione Ovest — La metà meridionale degli altopiani occidentali del Camerun. È popolata dai popoli Bamileké e Bamoun. È anche il cuore culturale e agricolo del Camerun ed è ricordato per il suo ruolo storico come centro del nazionalismo del paese e della lotta di liberazione contro l'esercito francese nella terra. Comprende le sei divisioni di Bamboutous, Menoua, Mifi, Nde, Noun e Alto Nkam.

Wolowose — Parola camerunese per una puttana.

Wum — La capitale della divisione di Menchum nella regione nord-occidentale.

Yaoundé	La seconda città più grande del Camerun e capitale nazionale. Inoltre, la capitale della Regione Centro e divisione Nfoundi.

Mappe

Global terror hot spots

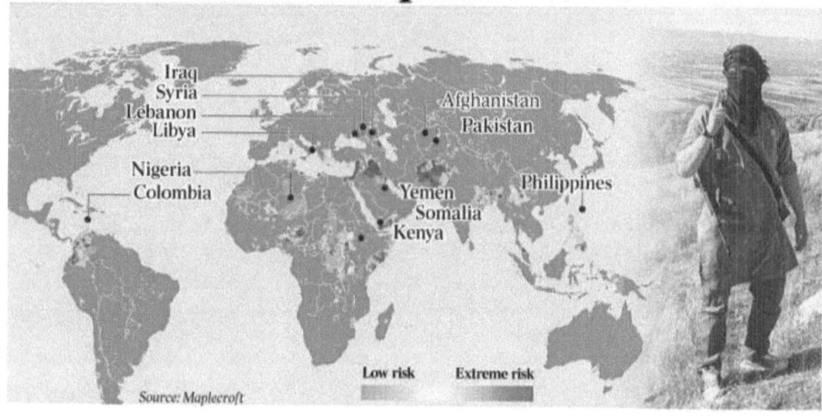

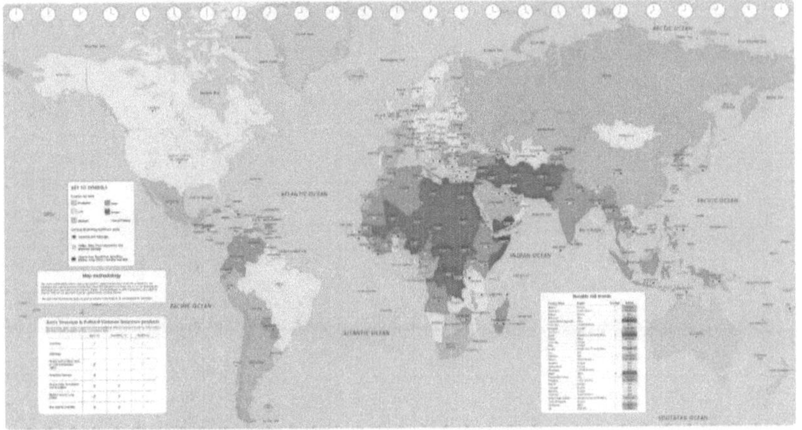

Valutazioni della democrazia africana

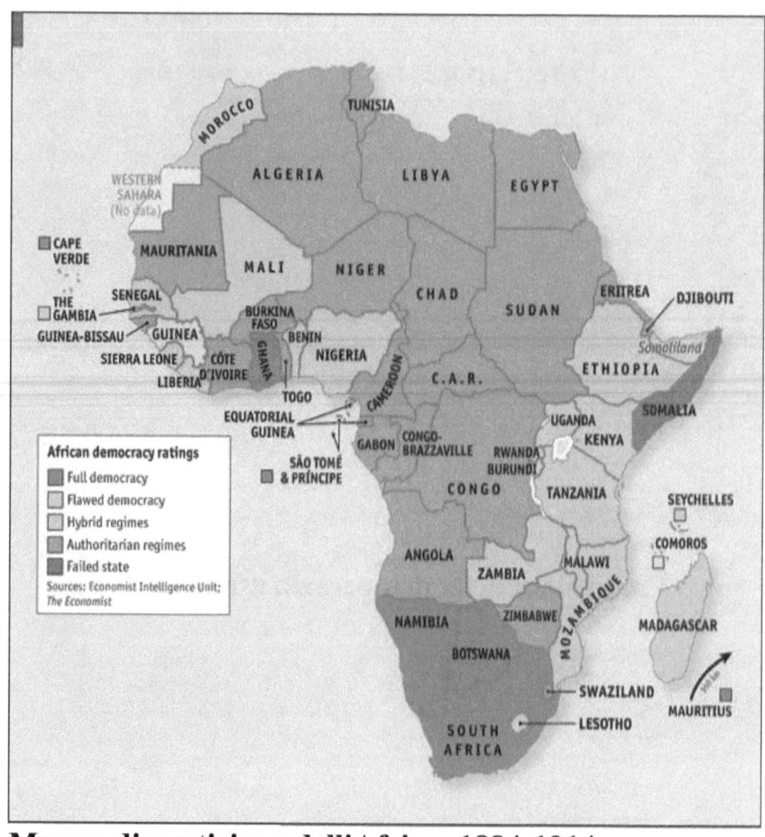

Mappa di partizione dell'Africa: 1884-1914

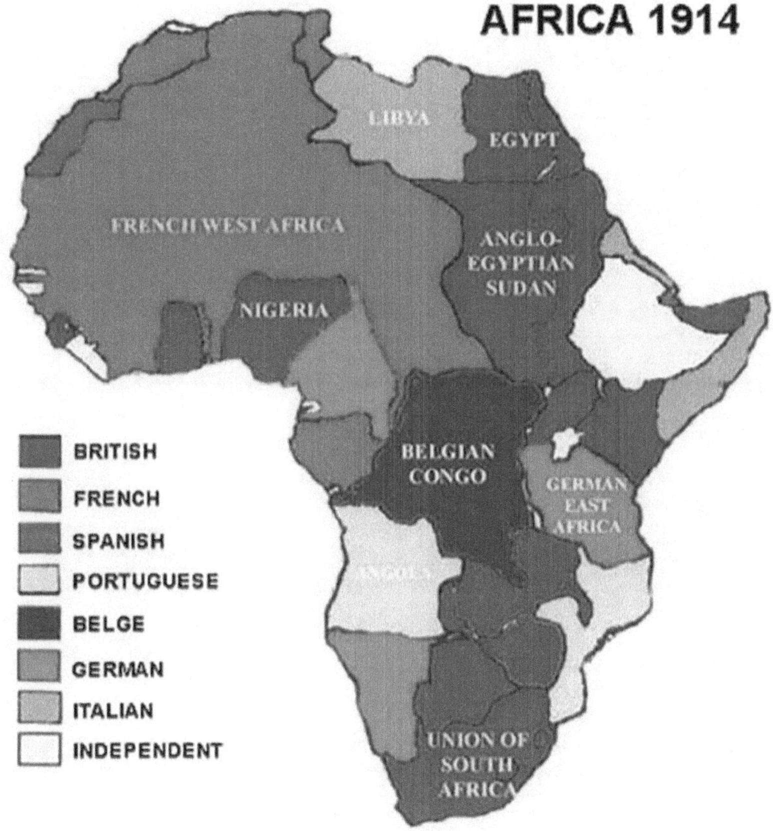

Camerun su una mappa del mondo

Camerun nel tempo

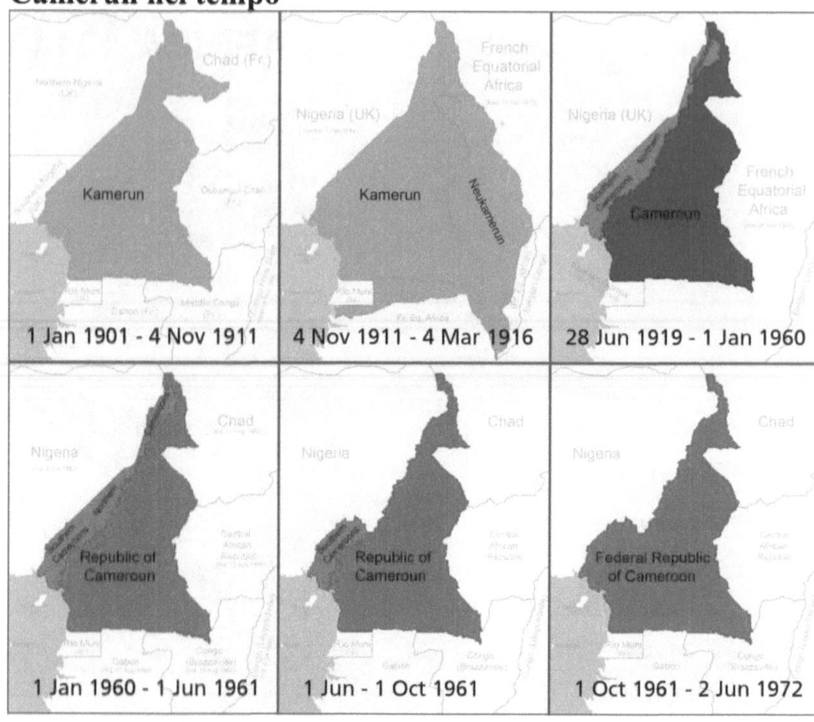

1. **Kamerun I tedesco (1884-1911)**
2. **Kamerun II tedesco (1911-1916)**
3. **Camerun britannico e Camerun francese: 1916-1960**
4. **Camerun britannico e La République du Cameroun (1960-1961)**
5. **Camerun meridionale britannico e La Republique du Cameroun (1960-1961)**
6. **Camerun riunito/indipendente oggi.**